Para Élie,
a quien no le deseo piojos.

El piojo
Colección Animalejos

© del texto y de las ilustraciones: Elise Gravel, 2014
© de la edición: NubeOcho, 2021
© de la traducción: Salvador Figueirido, 2021
www.nubeocho.com · info@nubeocho.com

Adaptación de la caligrafía: Michi Cabrerizo

Título original: *Le Pou*

Primera edición: Octubre, 2021
ISBN: 978-84-18599-34-7
Depósito Legal: M-20523-2021

Publicado de acuerdo con Le courte échelle.

Impreso en Portugal.

Elise Gravel

EL PIOJO

¡HOLA!

nubeOCHO

Niñas y niños, vamos a conocer a un animal muy especial:

EL PIOJO.

Los piojos tienen

SEIS PATAS.

Eso quiere decir que son...

INSECTOS.

¡Es evidente
que no soy una FRUTA!

Los piojos son pequeñísimos.
Miden entre 2,5 y 3

MILÍMETROS.

¡Son más pequeños que un
GRANO DE ARROZ!

Seré pequeño, pero
a tus padres les doy
más miedo que un león.

PIOJO

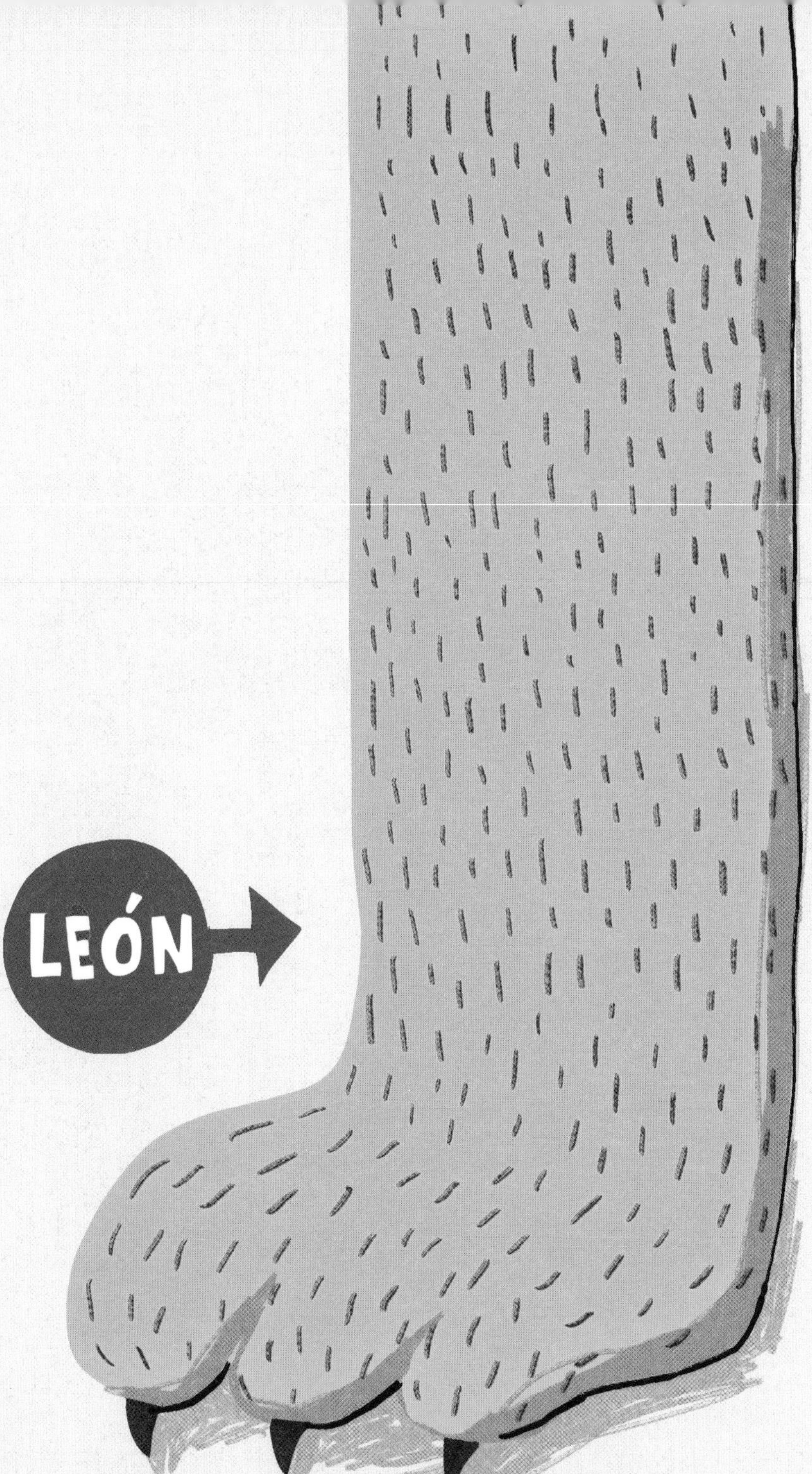
LEÓN

El cuerpo de los piojos es ligeramente

TRANSPARENTE,

se puede ver el interior de su

ESTÓMAGO.

Los piojos tienen las patas

MUY
CORTAS.

No pueden saltar ni volar,
y les cuesta caminar incluso
en superficies lisas.

RRRRRRRRR

En sus patas superiores, tienen
una garra y un pulgar que forman

PINZAS.

Las usan para sujetarse y se mueven de
pelo en pelo, igual que Tarzán, pero en

TU CABEZA.

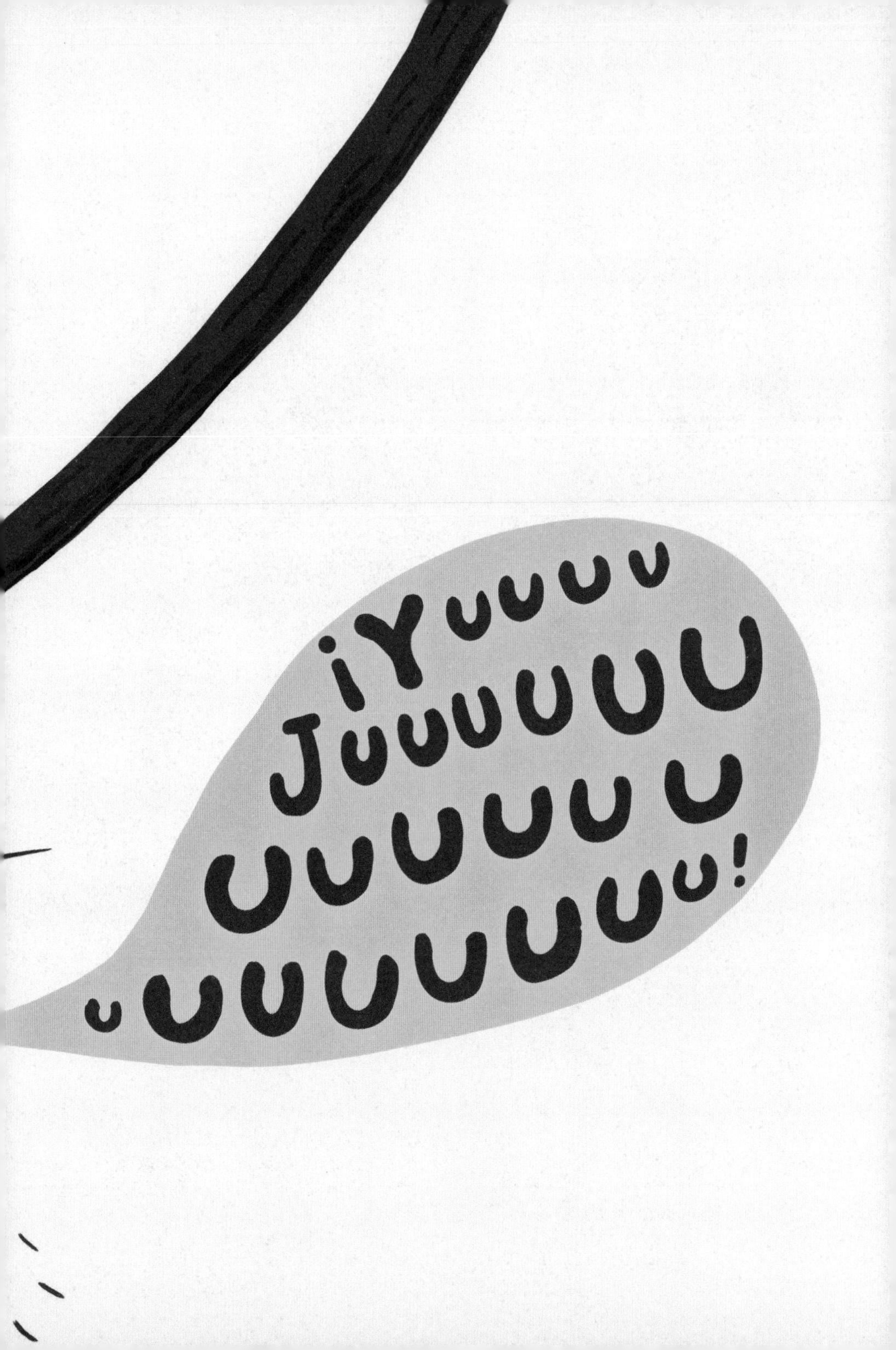
¡Yuuuu
Juuuuuu
uuuuuuu
uuuuuuuuuu!

Los piojos solo viven entre 20 y 30 días. Nacen, crecen y mueren en la cabeza de los

HUMANOS.

A los piojos no les interesa ningún otro animal.

Los piojos se alimentan únicamente de

SANGRE HUMANA.

¡Beben cinco veces al día!

Las hembras ponen entre 3 y 5 huevos al día. Los huevos de piojo se conocen como

LIENDRES.

Las hembras los dejan pegados al pelo con una especie de pegamento que se endurece rápidamente, ¡como el cemento!

Y si sobra un poco de pegamento, lo uso para mi colección de maquetas.

Los pequeños piojos tardan entre 7 y 12 días en salir del huevo o cascarón. Cuando son pequeños, se llaman

NINFAS.

Los piojos se reproducen rápidamente, si no consigues acabar con ellos, ¡puedes acabar con la cabeza llena de piojos!

VIVIERON FELICES Y COMIERON PERDICES, Y TUVIERON MUCHOS, MUUUCHOS HIJOS.

Los piojos viajan cuando dos

CABEZAS

están en contacto.
También cuando intercambiamos ropa
o sombreros que tengan piojos.
¡No les importa si estás limpio o no!

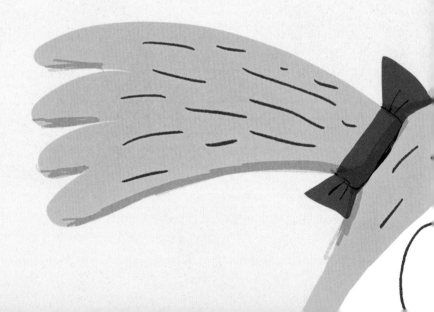

Los piojos pueden darnos asco
y parecernos

DESAGRADABLES.

Pero, aunque te pique la cabeza,
no son peligrosos.

Los piojos también tienen sus cosas buenas. Los piojos... Los piojos hacen...

Bueno, en realidad los piojos no sirven para

¡NADA!

En definitiva, cuando te encuentres con un piojo es mejor...

¡CORRER!